LAMARTINE

PAR

E. LEGOUVÉ

De l'Académie française

PARIS

J. HETZEL ET Cie, ÉDITEURS

18, RUE JACOB, 18

LAMARTINE

LAMARTINE

PAR

E. LEGOUVÉ

De l'Académie française

PARIS

J. HETZEL ET Cie, ÉDITEURS

18, RUE JACOB, 18

LAMARTINE

Messieurs,

C'est une grande témérité que de venir parler publiquement de Lamartine. J'ai d'abord reculé devant cette tâche, et si j'ose l'entreprendre c'est que j'ai cru y sentir un devoir de gratitude. Comment, en effet, mériter l'honneur d'avoir connu un tel homme et de s'être entendu appeler par lui... mon ami, sinon en venant, dans ce jour consacré à sa mémoire, raconter ce qu'on lui a vu faire, répéter ce qu'on lui a entendu dire, et ajouter ainsi à l'image un peu légendaire qu'on commence à se former de lui quelques traits plus particuliers et plus vrais. Telle serait, en effet, mon ambition, messieurs; vous peindre un Lamartine vrai! vrai non-seulement comme poëte, mais comme orateur, comme historien, comme homme politique, comme homme! Je me garderai bien de cacher ses côtés faibles, ils font partie de son originalité, ils étaient pour quelque chose dans le charme indéfinissable qu'il exerçait sur tous ceux qui l'ont approché, et l'on peut également le contempler de loin ou l'étudier de près; car de loin on l'admire, de près on l'aime.

Un fait m'a toujours frappé, c'est le merveilleux instinct du public pour reconnaître le génie à son premier cri. A peine a-t-il paru, à peine a-t-il parlé, que du cœur de tous part une acclamation d'enthousiasme qui le salue roi. Il semble que tout ce qu'il fera soit écrit par avance dans ce qu'il vient de faire, ce début contient une longue vie de gloire. On dirait, pardonnez-moi une comparaison quand je parle d'un poëte, on dirait la splendeur d'une belle journée de soleil, ramassée tout entière dans le premier rayon de l'aurore.

Ainsi en advint-il à Lamartine; les *Méditations* n'étaient pas publiées depuis vingt-quatre heures, que, par je ne sais quel phénomène d'électricité morale, ce nom inconnu la veille courait déjà sur toutes les lèvres; il avait à peine encore quelques lecteurs que déjà il avait un peuple d'admirateurs et surtout d'admiratrices, car les femmes et les jeunes gens sont toujours les premiers précurseurs du génie, et M. de Talleyrand lui-même, averti par ce bruit de gloire, prit le volume, le dévora tout entier en quelques heures enlevées au sommeil, et écrivit le matin à un de ses amis : « Un poëte nous est né cette nuit! » Un poëte! c'est-à-dire, selon le sens originaire du mot, un créateur! Ce jeune homme venait en effet de créer quelque chose d'inconnu dans la poésie française; de ses lèvres venait de jaillir un hymne nouveau à la plus poétique des passions humaines, il avait transfiguré l'amour ! Jusqu'à lui, tous nos poëtes élégiaques, Marot, Ronsard, Régnier, La Fontaine, Parny, Millevoye, André Chénier lui-même, qu'étaient-ils ? Des païens, qui ne chantaient dans l'amour qu'une volupté ou un délire. Lamartine en fit presque une religion. Le premier, il représente dans le même cœur l'amour et la foi ; il épure la passion par la piété, il enflamme la piété par la passion ; il adore Dieu en Elvire, il adore Elvire en Dieu ! De là toute une source de beautés nouvelles. L'idée de l'infini avec ses tristesses et ses extases, le sentiment de tout ce que nos affections ont de périssable mêlé à la conscience de tout ce qu'elles ont d'éternel, entrent pour la première fois dans des vers d'amour ; pour la première fois viennent s'asseoir à côté d'un chantre d'Éros deux muses inconnues à l'antiquité, la mélancolie et l'espérance, et c'est ainsi que dans les poëmes de Lamartine, l'amour, tour à tour baigné d'ombre et inondé de lumière, penché sur le tombeau ou s'élançant vers le ciel, nous apparaît, revêtu d'une grandeur nouvelle, entre la mort et l'immortalité !

Je n'entrerai pas dans le détail des mille beautés poétiques de l'œuvre de Lamartine. Que pourrais-je dire qui ne soit mille fois mieux dit par le poëte lui-même, parlant ici par la bouche de ses illustres interprètes? Je me bornerai à rappeler que les secondes *Méditations, les Harmonies, les*

Récueillements, la Mort de Socrate, moins pures peut-être de forme que sa première œuvre, mais plus puissantes de composition et plus riches de coloris, ajoutèrent chaque année quelque chose à sa gloire, et que *Jocelyn* y mit le sceau. *Jocelyn* n'était pas moins qu'une seconde et éclatante innovation, qu'une conquête de plus dans le domaine poétique : la France n'avait pas d'épopée, Lamartine lui en donna une, l'épopée intime, et il monta, dès lors, au premier rang parmi les génies créateurs. La renommée sans cesse croissante de l'auteur des *Orientales* ne l'amoindrit pas, ils rayonnèrent à côté l'un de l'autre, sans s'éclipser. Chacun d'eux eut son royaume, je dirais volontiers son peuple, et leurs admirateurs purent se dire mutuellement comme dans *Athalie* :

> J'ai mon Dieu que je sers, vous adorez le vôtre,
> Ce sont deux puissants Dieux...

En est-il de même aujourd'hui ? Messieurs, je vous demande la permission d'être complétement sincère.

La gloire de Victor Hugo a pris de telles proportions, elle se ramifie si profondément dans toutes les couches sociales, qu'elle constitue un phénomène à part. Quant à Lamartine, il faut oser le dire, son astre a pâli. Il n'occupe plus, dans l'admiration générale, la place qui a été si longtemps la sienne. On achète toujours ses ouvrages, ils figurent au premier rang dans les bibliothèques, on les revêt de maroquin et de dorures, mais ils ne courent plus de mains en mains, ils ne se placent plus sous le chevet, ils ne s'emportent plus à la promenade sous la forme de ces petits volumes usuels et usés, qui sont comme des amis, et que l'on apprend, selon un mot bien expressif dans sa familiarité, que l'on apprend par cœur. Ah! certes, vous avez raison, messieurs, de vouloir lui élever une statue; nul n'y contredira et beaucoup y contribueront; mais il en avait naguère une autre bien plus belle, une autre située en un lieu plus sacré que toutes les places publiques de la ville... dans le cœur de la jeunesse! Eh bien! cette statue, il ne l'a plus! Ce sanctuaire, il n'y règne plus! Un autre y a pris sa place! Le chantre de *Rolla* a détrôné le chantre d'Elvire!

Est-ce juste? Est-ce un bien pour la jeunesse? A-t-elle eu raison de changer de religion? J'aborde là une question bien périlleuse, je touche à une idole, et à une idole qui est la mienne. Personne ne place plus haut que moi le poëte des *Nuits;* j'ai la mémoire et l'imagination toutes peuplées de ses vers, et l'un de mes chers plaisirs est de me les redire à moi-même dans les bois ou sur les bords de la mer. Mais quand je compare Alfred de Musset à la place qu'il occupe, au grand homme qui occupait cette place avant lui, et surtout à l'influence immense qu'il exerce, je ne puis me défendre de voir et de juger.

Alfred de Musset est un peintre incomparable de

la passion : il y déploie tous les genres de talent : il a de la grâce, de l'émotion, de la profondeur, de l'esprit, de la vérité ! Ce sont de vraies larmes qui coulent de ses yeux ! Ce sont de vrais cris de douleur qui sortent de sa bouche ! Ce sont de véritables sanglots qui soulèvent sa poitrine ! Mais, pour qui ces sanglots? pour qui ces larmes? Toujours pour des créatures plus ou moins dégradées, pour des Belcolor ou des Namouna ! Manon Lescaut est son Elvire. Il ne peint dans l'amour que ce qu'il a de maladif et de fatal. Il ne poétise dans la passion que le côté par où elle touche au vice ! Il ne décrit dans le cœur humain que les fièvres du cœur humain ! C'est éloquent, c'est touchant, c'est poignant, mais ce n'est ni simple, ni sain. Bien des personnages de femmes traversent ses poëmes; cherchez-y l'image vraie et pure d'une jeune fille, d'une sœur, d'une mère, d'une aïeule, d'une femme croyante, d'une femme dévouée, d'une femme honnête, vous ne l'y trouverez pas. Je vais plus loin : demandez-lui la peinture d'un des grands et éternels sentiments de l'âme, l'amour paternel, l'amour filial, le patriotisme, la charité, l'amour de la liberté, l'amour de l'humanité; vous ne l'y trouverez pas ! Ce grand poëte, car c'est un très-grand poëte, n'est ni citoyen, ni père, ni fils, ni homme, même dans le sens divin du mot. Son œuvre est un admirable paysage... sans ciel !

Eh bien ! lorsque par la pensée j'évoque devant moi les poëtes immortels qui sont dignes de figurer dans le plafond d'Homère de M. Ingres, lorsque je commence par le commencement de toute poésie, par les chants d'Orphée, par Pindare, par l'Iliade ; quand je passe à Eschyle et à Sophocle, quand j'arrive de Sophocle à Virgile et de Virgile à Dante, à Pétrarque, j'entre dans une atmosphère saine et fortifiante. Je respire un air qui m'épure et me nourrit ! Mon front se relève, mon cœur s'élève, je me sens dans la famille des bienfaiteurs de l'humanité ! Eh bien ! messieurs, Lamartine appartient à cette famille-là. Il peut se présenter devant ces grands hommes avec la *Prière de l'enfant à son réveil*, avec *Milly*, avec *les Étoiles*, avec *le Crucifix*, avec *le Chant des Moissonneurs*, et ils lui diront tous : « Entre, entre ! tu es un des nôtres ! car tu as toujours été grand et pur. » En peut-on dire autant du poëte de *Rolla ?* A Dieu ne plaise que j'essaye de le renverser de son piédestal ! je ne suis pas iconoclaste. Mais je ne puis m'empêcher de croire et de répéter que le génie qui console et qui ennoblit est supérieur à celui qui désespère et qui rabaisse, que la véritable immortalité ne s'accorde qu'à la peinture de ce qui est éternel, et qu'enfin, Dieu pour Dieu, le Dieu de notre jeunesse valait mieux que celui de la vôtre !... Restez fidèles à votre culte, si vous le voulez, mais croyez-moi, ne désertez plus l'autre ! Rouvrez vos cœurs à celui qui n'a jamais fait que du bien ! Reprenez pour guide la voix qui conduit dans les sentiers qui montent. Elle vous rendra dignes de cette terre en vous élevant au-dessus d'elle!

Nous venons d'essayer de caractériser l'œuvre. Parlons du poëte.

On a beaucoup accusé Lamartine d'orgueil? Que penserez-vous donc si je vous dis qu'il était modeste?... d'une modestie relative, bien entendu. Il avait même quelques amours-propres fort singuliers; il se croyait par exemple un grand économiste, un grand vigneron et un grand architecte. « Jeune homme, dit-il un jour au fils d'un de ses amis, regardez-moi bien là, au front... et dites-vous que vous venez de voir le premier financier du monde. » La gloire de Victor Hugo ne l'offusquait pas; mais le titre de premier viticulteur de France, accordé à M. Duchâtel, le taquinait! « Ce n'est qu'un amateur, disait-il, moi je suis un cep de nos collines. » Enfin un matin, à Saint-Point, montrant avec complaisance à un visiteur un petit portique... affreux, enluminé d'un coloris criard, et formé de deux colonnes appartenant à l'ordre... à tous les ordres... « Mon cher, lui dit-il, dans cinquante ans, on viendra ici en pèlerinage; mes vers seront oubliés, mais on dira : « Il faut avouer que ce gail- « lard-là bâtissait bien ! » Se croire habile aux choses où l'on n'entend rien ne constitue pas précisément une originalité; mais ce qui en est une, c'est de ne pas se surfaire dans l'art où l'on est maître, et nous touchons là à un des côtés les plus singuliers de cette nature si complexe. La modestie chez les hommes supérieurs n'est que de l'esprit de comparaison. Or,

quand Lamartine se comparait à ses contemporains,
il se trouvait grand ; mais quand il se comparait
aux génies de premier ordre, ou à lui-même, c'est-
à-dire quand il mettait en parallèle ce qu'il avait
fait et ce qu'il aurait pu faire, il était modeste. Un
jour j'osai lui dire : « Expliquez-moi un fait inex-
plicable : j'aime également les vers de La Fontaine
et les vôtres ; j'ai une égale facilité à les appren-
dre ; j'ai un égal plaisir à me les répéter ; mais, au
bout de six mois, je sais encore les vers de La Fontaine, et je ne sais plus les vôtres. Pourquoi ? — Je
vais vous le dire, me répondit-il ; La Fontaine écrit
avec une plume et même avec un burin, moi avec un
pinceau ; il grave, je colore ; ses contours sont précis, les miens sont flottants ; il est donc tout simple
que les uns s'impriment et que les autres s'effacent. »
Frappé, ému de tant de justesse de simplicité. « Et
cependant, repris-je avec conviction, et cependant
pas un seul poëte français n'a été plus richement
doué que vous ! Vous avez autant de génie que les
plus grands. — C'est possible, me dit-il en souriant, mais je n'ai pas autant de talent. Le talent,
mon cher, c'est-à-dire ce qui s'acquiert par le travail et la volonté ; je n'ai jamais travaillé et je ne
sais pas corriger. Quand j'ai essayé de refaire quelques vers, je les ai faits plus mauvais. Comparez-
moi donc à Victor Hugo comme versificateur : je ne
suis qu'un écolier auprès de lui. — Vous ressemblez
bien plus, repris-je, à cet autre enfant gâté de la
muse qui, comme vous, n'a jamais connu ni l'effort

ni la lutte, et qui laissait tomber ses notes comme
vous vos vers. — Oh! ne m'égalez pas à Rossini,
reprit-il vivement, Rossini a fait des œuvres, lui!
Il a écrit *le Barbier, Othello, Guillaume Tell;* moi
je n'ai fait que des essais. Après tout je ne suis
qu'un amateur très-distingué!... » Il ne le pensait
pas. Il comptait bien sur mon ardeur à me récrier;
et je l'aurais sans doute fort étonné si j'avais pris
sa définition au pied de la lettre!... Et pourtant,
sous cette exagération de termes, je dirais volontiers
sous ce blasphème, se cachait un sentiment vrai et
sincère... Il se rendait compte qu'il n'avait pas,
selon la belle expression du cardinal de Retz,
qu'il n'avait pas rempli tout son mérite. On a
souvent voulu voir dans le dédain avec lequel il
parlait de ses vers une affectation, une comédie.
Jamais homme ne fut moins comédien que Lamartine. Diplomate? oui. Adroit et adroit jusqu'à la
maladresse, oui. Mais ce qu'on nomme vulgaire-
ment poseur, jamais! il dédaignait sincèrement sa
grandeur poétique, parce qu'il sentait en lui un
poëte très-supérieur à ses œuvres, et, surtout comme
vous le verrez tout à l'heure, un homme très-supérieur au poëte. De là, dans son amour-propre
d'auteur, une bonhomie, une naïveté qui en faisaient
comme une grâce de plus. Je l'entends toujours me
disant : « Avez-vous lu mes derniers vers dans le
Conseiller du peuple?—Non.—Oh! lisez cela, mon
cher ami, lisez cela! C'est très-joli!... très-joli!... »
Puis se reprenant : « Assez joli. » Vous le voyez, il

se mesurait, il se jugeait et, chose plus rare, il permettait aux autres de le juger. La lecture de *Jocelyn* avait excité chez Béranger un véritable enthousiasme ! « O mon ami, disait-il à Lamartine, c'est un chef-d'œuvre de poésie, d'émotion, d'inspiration !... » Puis avec ce sourire narquois qui lui était propre : « Quel malheur qu'il y ait là trois ou quatre cents vers que vous ayez fait faire par votre concierge ! » Savez-vous la réponse de Lamartine ? Il se mit à rire, et trouvant le mot très-amusant, il le répéta. Nous voilà bien loin du *genus irritabile vatum*. Jamais, en effet, amour-propre ne fut moins irritable et moins irritant. Il ne savait pas plus s'offenser qu'offenser. Toutes les petites passions des poëtes, l'envie, la haine, la rancune, étaient choses inconnues pour lui. Il l'a bien prouvé dans sa lutte poétique avec Barthélemy. Ce malheureux l'avait dénoncé, calomnié, ridiculisé ! Eh bien, dans son admirable *Épître à Némésis*, Lamartine ne put jamais ni s'emporter jusqu'à la colère, ni s'abaisser jusqu'au mépris ! Il s'arrêta au dédain. Encore, comme si ce sentiment même lui était insupportable, il s'y arrache, il s'envole au delà et, interrompant tout à coup son ardent dithyrambe, il laisse tomber sur le coupable cette évangélique parole de mansuétude et de pardon :

> Un jour de nobles pleurs laveront ce délire,
> Et ta main étouffant le son qu'elle a tiré,
> Plus juste arrachera des cordes de ta lyre
> La corde injurieuse où la haine a vibré.

> Pour moi, j'aurai vidé la coupe d'amertume
> Sans que ma lèvre même en garde un souvenir,
> Car mon âme est un feu qui brûle et qui parfume
> Ce qu'on jette pour la ternir !

Voilà bien Lamartine dans son attitude naturelle de grandeur, et cette *Épître à Némésis*, marquant, comme vous le savez, le premier pas du poëte dans les affaires publiques, nous amène naturellement à l'étudier comme orateur et comme homme d'État.

LAMARTINE,

ORATEUR ET HISTORIEN.

Un soir, dans les dernières années de sa vie, Lamartine était assis au coin du feu, la tête penchée, les yeux fermés, dans cet état de somnolence qui lui était habituel, et où il flottait entre le sommeil et le rêve. Deux de ses amis s'entretenaient à voix basse, de lui, et non loin de lui. Les voix s'élevant à mesure que la conversation s'échauffait, l'un d'eux dit à l'autre : « J'aimerais mieux avoir fait *les Méditations* que la *République*. » Lamartine, tout en bâillant, retourna la tête vers lui : « Que disiez-vous donc, mon cher? » L'ami, corrigeant légèrement la phrase, répondit : « J'aimerais *encore* mieux avoir fait *les Méditations* que la *République*. — Eh bien, cela me prouve, reprit Lamartine, bâillant toujours, que vous n'êtes qu'un niais! » Et là-dessus se levant et sortant en une seconde de son demi-sommeil : « Laissons là, dit-il, ma petite personnalité; prenons la question générale, et jugez la supériorité immense de l'homme d'État sur le poëte ! Celui-ci s'épuisant à aligner

LAMARTINE.

des mots et à faire accorder des sons ; l'autre, étant
le véritable verbe, c'est-à-dire la pensée, la parole
et l'acte tout ensemble ! réalisant ce que le poëte ne
fait que rêver ! voyant tout ce qu'il y a en lui de
grand, de bon, se convertir en faits et en bienfaits ;
en bienfaits qui non-seulement profitent aux géné-
rations présentes, mais s'étendent parfois jusqu'à
la postérité la plus reculée ! Savez-vous ce que
c'est qu'un grand homme d'État ? c'est un grand
poëte... en action ! » L'action, le besoin de l'action, l'espoir de l'action ! Telle a été en effet la
pensée constante de celui qu'on ne regarde guère
que comme un sublime rêveur. Sa plus vive admiration littéraire était... devinez pour qui ? Pour
Voltaire ! Savez-vous pourquoi ? « Parce qu'il n'y a
pas, disait-il, une ligne de lui qui n'ait été un
acte ! pas une parole de sa bouche qui n'ait eu sa
part dans les choses publiques ! Voltaire a été pendant quarante ans le plus grand événement de son
siècle ! Aussi dit-on le siècle de Voltaire, comme on
dit le siècle de Louis XIV et le siècle de Périclès ! »
Enfin, un jour, Lamartine, dans un de ces rares
moments de complet abandon où il montrait sa
pensée tout entière, car sous son apparence de
laisser-aller et d'effusion, il était très-secret, très-
maître de soi, et gardait dans le fond de son âme
certains recoins cachés où personne ne pénétrait,
pas même peut-être lui, un jour donc, il s'écrie :
« Oh ! être un Napoléon sans épée au côté ! » Voilà
le fond du cœur de Lamartine. Régner sur un grand

peuple par la pensée! commander au monde par l'esprit! Être le conquérant, le dominateur de son époque, sans verser une goutte de sang, et sans assujettir les hommes à un autre joug que celui de la justice, de la pitié, de la générosité! Chimère et rêve! dira-t-on. Soit! Mais ce rêve, il l'a réalisé pendant trois mois, et il l'a poursuivi pendant seize ans !

Les anciens donnaient aux poëtes le nom de *vates,* qui veut dire prophète. Jamais homme n'a mérité ce nom mieux que Lamartine. C'était un voyant. Je ne sais quel instinct divinatoire lui révélait à la fois les grandes crises publiques et le rôle particulier qu'il y jouerait. On est effrayé quand on lit dans le *Voyage en Orient* sa conversation avec lady Stanhope; on est effrayé de voir avec quelle netteté il se marque à lui-même son but et avec quelle constance il y a marché. Étudiez sa conduite depuis 1832, elle est saisissante. Il arrive à la Chambre. « De quel parti serez-vous? » lui demande-t-on. « Du parti social. » Mot nouveau qui n'avait jamais été prononcé dans une assemblée parlementaire. « Social, lui répond son collègue, qu'est-ce que cela signifie? Ce n'est qu'un mot! — Non, reprend Lamartine, c'est une idée! — Mais enfin, où siégerez-vous? Il n'y a place pour vous sur aucun des bancs de la Chambre. — Eh bien, répliqua-t-il, avec un demi-sourire à la fois confiant et moqueur, eh bien! je siégerai au plafond! » Réponse étrange sans doute, mais caractéristique, qui marque bien sa nature. Il allait toujours d'instinct là où il ne pouvait être porté et soutenu que par des ailes !

Les esprits superficiels comparent volontiers Lamartine orateur à un virtuose qui tantôt chante des airs de bravoure, tantôt lance de poétiques dithyrambes et parfois même s'aventure par fantaisie dans quelques questions pratiques, car il fut, ne l'oubliez pas, un des plus ardents défenseurs des chemins de fer contre Arago. Mais, pour qui réfléchit, chacun de ses discours révèle la conduite préméditée du politique qui aborde tous les problèmes parce qu'il aura peut-être un jour à les résoudre tous.

Un fait curieux montre sa puissance d'assimilation. Un grand projet de canal était à l'ordre du jour. Le député chargé de le défendre tombe malade, le matin même de la discussion. On conseille aux intéressés d'en charger Lamartine. Ils vont le trouver. Il était au bain. On les fait entrer ; ils expriment leur désir. « Mais je ne sais pas un mot de votre affaire. — Nous allons vous l'expliquer. — Mais je suis le député le moins ingénieur de toute la Chambre. — Un homme comme vous gagne son diplôme en quelques instants. — Eh bien, parlez. » Ils commencent pendant qu'il est au bain, ils continuent pendant qu'il en sort, ils poursuivent pendant qu'il s'habille ; ils achèvent pendant qu'il déjeune ; et deux heures après, Lamartine prononce à la Chambre un discours d'affaires, d'une clarté et d'une précision admi-

rables. Le succès fut très-grand, l'étonnement plus
grand encore : tout le monde était stupéfait, excepté
lui. « Il y a longtemps, dit-il, que je connais ma
capacité comme homme pratique. Le monde ne
veut pas y croire, parce que j'ai fait des vers.
Encore, s'ils étaient mauvais ! Par malheur, il y en
a de bons, il y en a même de beaux ! C'est ce qui
me perd. »

Sa prescience éclata parfois à là tribune en
mots prophétiques. Quand la Chambre voulut voter
le retour des restes de Napoléon Ier, Lamartine pro-
testa. Le mariage bizarre du libéralisme et de
l'impérialisme sous la Restauration l'avait toujours
choqué. Il y voyait un mensonge. En vain, tous
les grands poëtes de l'époque, étrangers comme
français, Manzoni, lord Byron, Béranger, Victor
Hugo, Casimir Delavigne se faisaient-ils les cory-
phées de cette immense gloire, Lamartine, tout en
admirant le génie, allait implacablement chercher
le tyran sous le conquérant, et lui lançait ce terrible
anathème :

Rien d'humain ne battait sous son épaisse armure.

Cet accouplement de la liberté et du despo-
tisme lui semblait pour la liberté un adultère !
Aussi s'éleva-t-il contre ce retour triomphal de
toutes les forces de son éloquence. Jamais la tribune n'avait entendu de plus admirables accents !
Et lorsque enfin il se sentit vaincu, il jeta, pour
dernière parole, cette adjuration qui nous fait tres-

saillir aujourd'hui, comme les prophéties de la
Cassandre antique : « Eh bien ! soit donc, puisque
vous le voulez !... Ramenez ses restes ! Donnez pour
piédestal à sa statue, la colonne !... c'est son œuvre !
c'est son monument; mais au moins, écrivez sur
le socle : A Napoléon lui seul ! »

Bientôt l'opposition de Lamartine s'accentua de
plus en plus. Il ne se mêla pourtant à aucune con-
spiration quelle qu'elle fût[1]. Personne n'était moins
conspirateur que lui, d'abord parce que conspirer
c'est être plusieurs, et qu'il tenait avant tout à mar-
cher seul ; puis sa généreuse nature répugnait à
toute machination clandestine. Mais ses discours,
ses conversations et bientôt ses livres conspirèrent
pour lui : il publia *les Girondins.*

Les Girondins sont à la fois un livre et un acte.

Comme livre, ils offrent un genre de mérite
très-particulier, qu'un mot de Lamartine carac-
térise.

Le jour où il arriva pour la première fois sur
le mont Liban, il fut saisi d'un tel enthousiasme
qu'il improvisa soudain une admirable description
de ce grand spectacle, en face du spectacle même.
Un de ses compagnons, jeune officier, ne put s'em-

---

1. Un fait que je cite ici par anticipation, montre bien son goût
pour rester toujours en dehors des mouvements concertés. Il ne voulut jamais prendre part à la campagne des banquets; mais quand une
fois les chefs de ce mouvement eurent donné rendez-vous à la population, sur la place publique, et qu'ensuite, par prudence, ils hésitèrent
à s'y rendre, Lamartine dit : « J'irai, dussé-je n'y être accompagné
que de mon ombre ! » Et il y alla.

pêcher de lui dire : « Où voyez-vous donc tout
cela, monsieur de Lamartine? je n'aperçois rien de ce
que vous décrivez. — C'est tout simple, répondit
Lamartine, je regarde en poëte, et vous en capitaine d'état-major. » Eh bien, messieurs, voilà le
mérite et le défaut de Lamartine comme historien.
Personne n'a représenté avec plus de puissance les
grandes journées de la Révolution; personne n'a
tracé des portraits plus saisissants de ses principaux acteurs. Pourquoi? Parce qu'il les voit tout
ensemble avec les yeux et avec l'imagination!...
Parce qu'il les transfigure sans les défigurer! Parce
qu'enfin, il est poëte! Malheureusement il n'est pas
assez capitaine d'état-major. De là, un livre éloquent, entraînant, pathétique, et admirablement
juste d'ensemble, mais moins irréprochable dans
les détails et qui nous fait comprendre qu'il y a
une différence entre l'exactitude et la vérité. Il
n'en pouvait pas être autrement : Lamartine avait
beaucoup lu, mais au hasard, sans méthode, par
caprice. Il n'avait pas de capital d'instruction;
il n'avait pas même de bibliothèque. Quelques
volumes courant l'un après l'autre dans sa chambre, sans domicile connu, voilà tout son bagage
d'études. Quand il avait besoin d'un ouvrage, il
l'envoyait chercher chez le libraire voisin, et le
lisait, comme les avoués lisent un dossier, avec
cette intuition merveilleuse qui les fait tomber juste
sur les passages qui leur sont utiles, comme si ces
passages étaient écrits en rouge. Ainsi faisait La-

martine : il dévorait les livres, les devinait, se les assimilait, les transfigurait et passait. L'*Histoire parlementaire* de Buchez et de Roux lui avait donné la première idée des *Girondins;* il la compléta par la lecture fiévreuse des ouvrages qu'un ami lui indiqua; puis il se mit en quête de renseignements plus personnels.

Un fait curieux nous mettra au cœur même de ce livre si étrange et si mal jugé comme acte. Lamartine apprit qu'un des derniers débris de la Convention, un des derniers membres du conseil de salut public, un des amis les plus fidèles de Robespierre, le docteur Soubervielle, vivait encore dans un des faubourgs de Paris. Lamartine arrive chez lui un matin, à dix heures. Le vieillard — il avait quatre-vingt-trois ans — était encore couché. A l'arrivée de l'illustre visiteur, il se lève sur son séant, sans émotion, sans trouble devant cette grande gloire les hommes de ce temps-là ne se troublaient pas, et n'admiraient guère que ce qui leur ressemblait. Puis, inclinant légèrement sa tête coiffée d'un bonnet de coton, il lui dit d'une voix nette et brève : « Que désirez-vous de moi, monsieur? — Des renseignements précis sur la Convention dont j'écris l'histoire. — Vous? reprend le vieillard en le regardant entre les deux yeux; puis avec cette énergie de langage qui faisait partie du dictionnaire d'alors : — Vous n'êtes pas f... fait pour écrire cette histoire-là... » Et il se recouche. Lamartine ne s'effraya nullement de cette réponse, pas plus de la forme que du fond. Ce participe passé... que j'ai un peu adouci, ne lui faisait pas peur, même pour lui... il en usait fréquemment; ce qui jurait bien un peu avec le caractère général de sa poésie; mais, comme dit Pascal, tout est contraste dans le cœur humain. Il tint donc bon et emporta quelques détails précieux.

Le livre produisit un effet énorme, et eut une influence considérable; non pas, comme on l'a dit injustement, parce que c'était l'apologie de la Terreur; tout le monde eût reculé d'horreur et de dégoût, mais parce que c'était l'apologie de la République. Lamartine la réhabilitait en la présentant sous une forme poétique et grandiose. Il la purifiait, en la dégageant des atrocités dont elle a été victime, et dont on veut la faire complice; il réveillait dans la France des idées de gloire, de liberté, qui semblaient comme autant de satires de cette politique craintive, un peu bourgeoise... de cette politique d'effacement... que j'avoue n'avoir pas le courage de blâmer aujourd'hui... car qu'est-ce que l'effacement près de la mutilation? Mais alors nous avions encore le droit d'avoir des susceptibilités nationales et des aspirations de grandeur. *Les Girondins* répondaient à ces pensées. Lamartine traduisit cette vague agitation des esprits par des mots désormais historiques : « La France s'ennuie. » Enfin, comme les grands oiseaux de mer, il sentait venir l'orage, et volait vers un but lointain, vaguement entrevu. Un de ses amis, inquiet de la nouvelle direction de ses

idées, lui en ayant demandé la raison, il lui répon-
dit ces paroles textuelles : « Je vois où va la
France ! Je vais l'attendre à dix ans de distance.
Elle m'y trouvera, m'y prendra en passant, et je
pourrai lui être utile... » Nous voilà à l'Hôtel de
Ville, messieurs !

LAMARTINE, HOMME D'ÉTAT.

Le rêve de Lamartine est réalisé. Un jour de tempête et lui au gouvernail! Il y fut admirable de naïve grandeur. Pendant trois mois, sans commettre une illégalité, sans faire un acte de violence, sans tirer un coup de fusil, sans verser une goutte de sang, il gouverna, administra, modéra, maîtrisa, électrisa... Avec quoi? Avec sa parole. Les passions les plus furieuses, les besoins les plus impérieux, les théories les plus fatales venaient-elles frapper à la porte de l'Hôtel de Ville, Lamartine sortait du conseil, montait sur une chaise, parlait pendant un quart d'heure, en demandant ingénument à ceux qui l'accompagnaient : « Est-ce bien cela? » Et les passions se calmaient, les rugissements tombaient, les bêtes féroces s'apaisaient; ce n'était plus de l'histoire, c'était de la mythologie; on n'avait pas vu chose pareille depuis Orphée!

Lamartine a eu de bien beaux jours dans ces trois mois; quel fut le plus beau?... Le jour du drapeau rouge? Non! Celui du manifeste? Non! Celui où il répondit à des furieux qui demandaient sa tête : « Plût à Dieu que vous l'eussiez tous sur vos épaules? » Non! Le 16 avril et le 3 mai : voilà, selon moi, les deux dates les plus mémorables de ce règne de trois mois. Le 16 avril, parce que ce jour-là le grand homme d'État se doubla du plus habile des diplomates; le 3 mai, parce que Lamartine sacrifia au salut de la cité bien plus que sa vie qu'il exposait à chaque minute en riant, sa popularité.

Je puis m'appuyer ici sur quelques détails précis et personnels.

En mars 1848, une maison située rue de Rivoli, au coin de la place des Pyramides, et affectée à l'administration de la maison du roi, fut occupée révolutionnairement par un jeune homme complétement inconnu trois mois auparavant, et devenu tout à coup redoutable par la publication d'un journal dont le titre seul était une menace. Ce journal s'appelait *la Commune de Paris ;* le journaliste s'appelait Sobrier. Je connaissais Sobrier : il avait de vingt-cinq à vingt-six ans, il était honnête, convaincu et fanatique jusqu'à l'illuminisme ; il avait donné un témoignage irrécusable de sa sincérité : il fit offrande à la République de toute sa fortune, douze mille livres de rente... Si tous les intransigeants étaient forcés de fournir de pareilles preuves, leur nombre serait peut-être encore plus petit. Rien ne touche plus vivement les masses que le désintéressement. Aussi, Sobrier avait-il une grande action sur les ouvriers de Paris. La veille ou le lendemain des grands événements paraissaient, placardées à tous les coins de rues, de petites affiches d'un rouge violet, portant ces mots laconiques et menaçants : « Le peuple n'est pas satisfait de la journée d'hier. Si le gouvernement provisoire retombe dans de pareilles fautes, nous sommes deux cent mille qui irons lui rappeler ses devoirs. Signé : Sobrier. » Ce qu'il y avait de mystérieux, de bref, de lapidaire dans ce style ajoutait beaucoup à la crainte. On se moquait bien tout bas de ces éternels deux cent mille hommes qui revenaient toujours sur les affiches, et qu'on ne voyait jamais dans la rue ; mais on n'en tremblait pas moins, car on savait que la maison de la rue de Rivoli était le siége de l'état-major de la Révolution, et que de là partaient sans cesse des mots d'ordre et des ordres auxquels obéissait la population ouvrière.

Le 16 avril, Paris était en grande rumeur, on parlait d'un redoutable mouvement populaire. Passant le matin devant le ministère de Sobrier, j'y entre pour avoir des nouvelles. La cour, les escaliers, tout y retentissait du bruit des fusils : Partout des factionnaires. Je veux monter. « On ne passe pas. — Je passe toujours. — Que demandez-vous, citoyen ? — M. Sobrier. — Le citoyen Sobrier est occupé. — C'est possible, mais il me recevra. — Votre nom, citoyen ? — Monsieur Legouvé. »

J'avoue que je m'amusais volontiers à multiplier les « monsieur » dans ce temple du civisme. Le factionnaire voit descendre un personnage important, il l'appelle : «Citoyen, voilà le citoyen Legouvé qui veut parler au citoyen Sobrier. — Qu'il entre. — Merci, monsieur. » Et me voilà entré. Je trouve Sobrier dans une grande salle, penché sur une grande table, avec une large écharpe rouge autour du corps, deux pistolets accrochés dans l'écharpe, et écrivant très-vivement de petits bulletins qu'il distribuait à des estafettes debout autour de lui. — « Vous arrivez à propos, me dit-il, je vous enrégimente. — Oh ! un instant, lui répondis-je en riant, on ne m'enrégimente pas ainsi; il faut d'abord que je sache avec qui, pour qui et contre qui. — Vous allez le savoir. » Et là-dessus, tous ses bulletins étant distribués, il m'entraîne dans une embrasure de croisée et me dit : « Il s'agit de sauver Paris du massacre et de l'incendie. — Comment cela ? — Il y a des hommes qui sont nés fléaux ! Blanqui est un de ceux-là. A l'instant où je vous parle, accourent autour de lui, au Champ-de-Mars, cent mille furieux qui lui obéissent; dans une heure, ils partiront du Champ-de-Mars, ils marcheront sur l'Hôtel de Ville, ils renverseront le gouvernement provisoire, ils égorgeront tout ce qui résistera, résolus à mettre le feu partout, s'ils sont vaincus. » Tout exagéré que me parût ce récit... car dans ce temps-là nous ne regardions pas de telles monstruosités comme possibles... la physionomie, l'accent de Sobrier m'émurent profondément. « Oh ! s'écria-t-il, en se prenant la tête entre les mains et en pleurant. Moi qui rêvais une République d'anges ! » Puis avec une énergie fiévreuse : « Voilà ce qu'il faut empêcher, voilà ce que j'empêcherai : je l'ai promis à Lamartine ! — A Lamartine, répondis-je, vous avez vu Lamartine ! — Oui, il m'a fait appeler cette nuit. Nous avons causé pendant une heure : c'est fini, je lui appartiens ! Quel homme, quel républicain et quel stratégiste ! Il m'a tracé lui-même tout mon plan d'attaque. Je masse mes hommes dans les rues adjacentes à la route que doit suivre Blanqui ; et quand ses premiers rangs auront passé, je coupe sa bande en deux : il trouve mes deux cent mille hommes entre l'Hôtel de Ville et lui ; je le défie bien d'avancer ! » Ainsi arriva-t-il : l'Hôtel de Ville fut garanti, le gouvernement provisoire fut maintenu, la ville fut sauvée, cette journée qui s'annonçait comme une journée de massacre se termina par une journée de triomphe, et quand plus tard on reprocha à Lamartine d'avoir conspiré avec Sobrier : « Oui, répondit-il en souriant, comme le paratonnerre conspire avec la foudre. »

Le 3 mai compléta l'œuvre du 16 avril. Sous l'impression de ce grand service rendu par Lamartine, l'Assemblée voulut personnifier en lui seul le gouvernement provisoire, il refusa. On voulut, du moins, en exclure M. Ledru-Rollin. Il refusa plus énergiquement encore ; c'est l'acte qu'on lui a le plus reproché ; c'est l'acte qui l'honore le plus. Il n'aimait pas M. Ledru-Rollin ; ses opinions de jacobin lui étaient antipathiques ; son très-réel talent d'orateur lui-même ne le touchait pas. Mais il comprit que si M. Ledru-Rollin n'était pas membre du gouvernement, il en serait peut-être l'adversaire, et que M. Ledru-Rollin de plus dans l'armée de l'émeute, c'était peut-être la victoire de l'émeute. Nul, en effet, ne peut dire ce qu'auraient été le mouvement révolutionnaire du 15 mai et les terribles journées de juin, si le premier jour, Ledru-Rollin n'avait pas marché avec Lamartine, et si, le second, il avait marché avec la révolte. Cette profonde sagesse de Lamartine ne fut pas comprise ; on cria à la trahison. Les défenseurs du parti de l'ordre moral de ce temps-là l'accusèrent d'avoir pactisé avec les révolutionnaires, par ambition et par faiblesse ; vous voyez que les partis ne sont pas comme les jours : ils se suivent, mais ils se ressemblent. La conduite de Lamartine eut cela d'admirable, qu'il prévit la calomnie et qu'il annonça l'ingratitude. Le jour où il partit pour aller imposer à l'Assemblée l'élection de M. Ledru-Rollin, il quitta le ministère des affaires étrangères en disant tout haut : « Savez-vous ce que je vais faire ? Je vais sauver Paris et perdre ma popularité. » Et il y alla ! Et l'élection faite, il sortit de la Chambre, monta en voiture avec un de ses amis, et, après un moment de silence, lui dit : « Mon cher, c'est fini ; dans un mois, je ne serai plus bon qu'à

jeter aux chiens. » Ah! messieurs, Lamartine, dans
le cours de sa vie, s'est vu justement comparer
à de bien grands hommes ; mais ce jour-là, il a
mérité qu'on associât à son nom le nom le plus pur
de l'histoire : celui de Washington!

Ses prévisions ne l'avaient pas trompé : en
quelques jours, influence, prestige, tout s'évanouit,
tout devint pour lui amertume, déceptions, douleurs. Les journées de juin le trouvèrent, comme
toujours, debout en face du danger, mais lui por-
tèrent un coup mortel. Il les avait pressenties
avec désespoir, et exprimait son angoisse par une
de ces paroles à la fois tragiques et vulgaires qui
jaillissaient comme par explosion de ses lèvres :
« Ah! s'écria-t-il, nous ne sortirons de là que par
un coup de balai dans le sang. » Tout ce qui
suivit ne lui fut pas moins amer, et l'élection
présidentielle du 10 décembre mit le comble
à ses douleurs patriotiques. Ce qui lui brisait le
cœur, ce n'était pas son pouvoir perdu, c'était
son œuvre détruite, c'était la République renver-
sée, c'était la liberté anéantie, c'était cette nation s'agenouillant avec enthousiasme devant ce
nom qu'il avait, lui, le plus maudit; et comme
si en face de ce nom il eût été saisi pour la
seconde fois d'un trouble prophétique, comme
s'il eût entrevu le terrible châtiment dont nous
devions payer ce fétichisme, il jeta, ainsi que
Brutus, aux champs de Thessalie, ce cri de désespoir : « Ce peuple n'est que du sable! J'aurais

dù me faire tuer sur les marches du trône de Louis-
Philippe. » Ne vous récriez pas, messieurs, car cet
anathème contre la France, il ne le prononcerait
plus aujourd'hui ! Oui ! j'ose le dire, s'il avait assisté
à ce qu'a fait la France depuis quatre ans ; s'il
l'avait vue se relever de toutes ses ruines à force
d'énergie, se racheter de toutes ses pertes à force
de travail ; s'il avait vu ce peuple qu'on appelait
dédaigneusement un peuple de cigales montrer
toutes les qualités d'un peuple de fourmis... avec la
générosité en plus, et trouver des millions pour la
charité après avoir trouvé des milliards pour la
rançon ; s'il avait vu la masse laborieuse, la masse
de la nation rester calme parmi toutes les ambi-
tions qui s'agitaient au-dessus de sa tête, se diri-
ger vers son but malgré les classes dirigeantes, et
reconquérir enfin le respect de l'Europe à force
de courage et de bon sens... Oh! alors, soyez-en
sûrs, messieurs, Lamartine aurait rétracté son
injurieux anathème, et aurait déclaré digne de la
République le peuple qui s'est montré digne de la
liberté.

J'arrive à ces sombres et dernières années qui
ne furent plus pour lui qu'une longue lutte contre
le plus cruel des esclavages, l'esclavage de la dette,
et où parfois, il faut bien le dire, il manqua de
fierté... par orgueil.

Ne craignez pas que je vous arrête, messieurs,
sur ce triste sujet ; je me rappelle le mot charmant
de Saint-Marc de Girardin, devant qui on accusait

Lamartine de désordre et d'incurie : « C'est peut-
être vrai, dit-il, mais je connais tant de gens qui en
font autant et qui n'ont pas fait *les Méditations!* »
D'ailleurs, n'oubliez pas que ces épreuves furent
sanctifiées par le travail et poétisées par le dévouement. On vante justement le soldat qui combat jusqu'à la dernière goutte de son sang pour la défense
de son pays ; eh bien, Lamartine lutta jusqu'à la
dernière lueur de son intelligence pour la libéra-
tion du plus sacré des territoires : sa probité! Il
n'était déjà plus lui-même ; sa pensée lui échappait
à demi que sa plume travaillait encore, travaillait
pour payer! Le ciel lui donna une admirable auxi-
liaire dans cette œuvre ; je n'en veux pour preuve
qu'un seul fait. Lamartine était à Saint-Point. Un
soir, arrive un de ses amis : « O mon cher, comme
vous venez à propos! Je viens d'achever pour le
Siècle une très-longue étude sur Béranger. Voici les
épreuves ; lisez cela ; vous en serez ravi ; c'est superbe! » L'ami monte dans sa chambre, se couche, et
commence dans son lit la précieuse lecture. Minuit
venait de sonner quand il entend frapper à sa porte :
« Qui est là ? — C'est moi, répond une douce voix,
moi, Mme de Lamartine, ouvrez!—Impossible d'ou-
vrir, madame, je suis couché. — C'est égal, la porte
de votre chambre est au pied de votre lit ; entr'ouvrez-
la et prenez... » Il entre-bâille la porte, une main
passe et lui tend un papier. Il le prend, la porte se
referme, et voici ce qu'il lit : « Il y a à la page 13
un passage qui m'inquiète. J'ai peur qu'il ne fasse

du tort à M. de Lamartine auprès des lecteurs du *Siècle*. Ne pourrait-on pas le modifier ainsi?... » La modification était excellente, et l'ami venait de l'écrire en marge de l'épreuve, quand il entend frapper un second coup. « Est-ce encore vous, madame? — Oui, ouvrez-moi votre porte comme tout à l'heure et prenez! » Et il lit : « A la page **32**, se trouve un autre passage qui... » N'est-ce pas charmant? ce dévouement qui oublie toutes convenances, cette pureté qui passe par-dessus la pudeur, ne vous touche-t-elle pas profondément? Car, remarquez-le bien, Mme de Lamartine était non-seulement la plus sainte des femmes, mais une puritaine... Que dis-je? Une Anglaise qui joignait toutes les pruderies britanniques à toutes les délicatesses françaises, et elle venait bravement, à minuit, frapper à la porte d'un jeune homme, ne s'arrêtait pas devant sa réponse qu'il était couché, et lui passait tranquillement deux petits billets à travers la porte, exactement comme font les amoureux pour leurs billets doux. La fin de l'histoire la complète. Le lendemain matin, on se réunit pour le déjeuner. Mme de Lamartine entre en correspondance de gestes et de regards interrogatifs avec son complice, qui lui fait entendre que la correction est faite. « Eh bien! mon cher, dit Lamartine, avez-vous lu mon *Béranger?* — Certainement! — C'est superbe, n'est-ce pas? — Sans doute... pourtant il y a un ou deux passages... — Ne me demandez pas de changements, je n'en ferai pas;

c’est parfait ! — Si pourtant vous me permettiez de vous soumettre deux légères modifications... » et il lui tend l’épreuve corrigée. Lamartine lit. » Excellent ! très-juste ! vous avez mille fois raison ! « Puis se retournant vers sa femme : « Ce n’est pas toi qui aurais trouvé cela ! » La femme baissa la tête et sourit.

Cette admirable compagne des bons et des mauvais jours eut le regret de mourir avant celui pour qui elle avait vécu. Mais sa consolation, en le quittant, fut de lui léguer un dévouement égal au sien, un dévouement filial qui a veillé sur la longue agonie du poëte et qui veille aujourd’hui sur sa gloire... La mémoire de Lamartine a une Antigone !

Ses funérailles furent marquées par un fait touchant. Transportés à Saint-Point, pendant l’hiver, ses restes quittèrent le chemin de fer à Mâcon, et traversèrent lentement les bourgs semés sur la route. La neige tombait avec abondance : A l’entrée de chaque village, se trouvaient le curé qui attendait le cercueil pour le bénir, et les populations qui se mettaient à genoux pendant qu’il passait. Les cloches des diverses églises se répondaient et s’annonçaient l’une à l’autre le funèbre convoi. Près de Saint-Point, un vieux paysan debout devant sa porte pleurait. « Vous pleurez, mon pauvre homme, lui dit un des membres du cortége, » lui prenant les mains; vous faites là une grande perte ! — Ah ! oui ! monsieur, c’était un homme qui faisait honneur à la commune ! » Le vieux paysan avait raison. Lamartine faisait honneur à la commune comme à la contrée, à la contrée comme à la France, à la France comme à l'Europe, comme à l'humanité tout entière ; il faisait honneur à l'homme !

L'homme ! voilà, messieurs, ce qui nous reste à considérer dans Lamartine, c'est-à-dire dans une des plus singulières et des plus originales créatures que notre siècle ait produites. Il vous étonnait sans cesse : tout en lui était à la fois contraste et harmonie. Une beauté de visage et une grâce de démarche tout aristocratiques, avec des négligences de costume qu'il relevait par ses airs de prince et dont il faisait des élégances. Une éloquence de tribune, pleine de mots frappés comme des médailles, et d'idées fortes traduites en images étincelantes, le tout accompagné d'un grand verre de vin qu'il brandissait en l'air au-dessus des sténographes épouvantés. Une masse énorme de dettes, et rien pour les expliquer ! Pas un besoin ! il était sobre comme un Arabe. Pas un goût véritablement ruineux ! il n'aimait, en fait de luxe, que les chevaux. Pas un vice ! Je me trompe, il en avait un, du moins il s'en vantait ; mais la raison pour laquelle il s'en est corrigé est si étrange, qu'elle achèvera de le peindre. « J'ai eu, disait-il, dans ma jeunesse, la passion du jeu ; mais une nuit, à Naples, je découvris un moyen infaillible de faire sauter la banque : dès lors, impossible de jouer; j'étais sûr de gagner. » Convenez que voilà un joueur comme on n'en rencontre pas beaucoup !

On a souvent remarqué que Dieu lui avait tout donné en partage, la beauté, la noblesse, le courage, le génie; mais il avait reçu quelque chose de plus rare encore que tous ces dons : c'était la faculté de s'en servir à volonté. Ils étaient toujours à sa disposition. A quelque heure qu'on s'adressât à lui, il était toujours prêt à parler, à écrire ou à agir. Un grand danger le saisissait-il en pleine nuit, en plein sommeil? Pas un cri de surprise! Pas une seconde d'effarement! Il se mettait à être héroïque, tout de suite, en se levant; son courage s'éveillait en même temps que lui. De même pour son génie de poëte. Sa sœur lui présente un jour une jeune fille qui désirait quelques lignes de lui sur son album. Lamartine prend une plume, et sans se donner un moment pour réfléchir, sans s'arrêter une seconde, il écrit :

> Le livre de la vie est le livre suprême
> Qu'on ne peut ni fermer, ni rouvrir à son choix ;
> Le passage attachant ne s'y lit pas deux fois;
> Mais le feuillet fatal se tourne de lui-même;
> On voudrait revenir à la page où l'on aime,
> Et la page où l'on meurt est déjà sous nos doigts.

Puis, ces vers terminés, il les tend d'une main nonchalante à sa sœur qui les lit, et, stupéfaite de leur beauté et de son air d'insouciance, ne put.

s'empêcher de s'écrier : « Mon Dieu! pardonnez-lui, il ne sait pas ce qu'il fait! » Telle était, en effet, la facilité de Lamartine, qu'elle ressemblait à de l'inconscience. N'a-t-il pas dit lui-même, un jour, à un de ses amis fort absorbé par un travail : « Que faites-vous donc là, mon cher, avec votre front dans vos deux mains? — Je pense. — C'est singulier! Moi, je ne pense jamais, mes idées pensent pour moi! »

En vérité, devant un tel mot, on en arrive à croire que Lamartine avait, comme Socrate, un démon familier qui vivait en lui, agissait pour lui, parlait pour lui! En tout cas il faut convenir que ce démon-là était un bon génie, car il ne lui a jamais inspiré que la pitié et la bonté. La bonté! tel fut le dernier trait distinctif de cette admirable nature, le sceau suprême et comme le couronnement de toutes ces qualités. Lamartine fut bon avec grandeur, comme il fut tout. Il embrassait dans sa sympathie non-seulement l'humanité entière, mais tous les êtres de la création. Semblable à ces saints du moyen âge qu'une affinité mystique unissait, dit-on, aux créatures inférieures, et que les légendes nous représentent entourés d'animaux attachés à leurs pas et d'oiseaux volant au-dessus de leurs têtes, Lamartine avait avec les bêtes des liens mystérieux! Il a trouvé pour les peindre des paroles et des images plus pénétrantes que les vers même de Virgile et d'Homère. Tel était le rayonnement de sympathie qui s'échappait de ses regards, de sa

voix, de sa démarche, qu'il semblait retenir autour
de lui, par je ne sais quelle attraction magnétique,
tout ce peuple d'animaux qui vivait chez lui, les
yeux fixés sur lui! Ces chiens, ces oiseaux, ces
chevaux n'étaient pas pour Lamartine ce qu'ils sont
pour les désœuvrés, des objets d'amusement et de
caprice; non! Il voyait en eux des camarades, il l'a
dit lui-même, des frères; il les interrogeait, il leur
répondait, il semblait les entendre: C'était une com-
munication, je dirais presque une communion per-
pétuelle entre cette âme supérieure et ces ébauches
d'âmes. Je le vois encore étendu sur un canapé,
causant de sujets fort sérieux, avec deux griffons
à ses pieds et coiffé d'une levrette; cette jolie
bête exécutait autour du front de son maître des
évolutions si gracieuses, que je me récriai d'admiration. « Regardez-la, me dit Lamartine sans se
retourner, elle écoute, elle voit qu'on parle d'elle,
elle est si coquette !... » Le monde est plein de gens
qui ont tant d'amour pour les bêtes, qu'il ne leur
en reste plus pour les hommes. Tel n'était pas Lamartine, son humanité s'étendait jusque sur les
humains. Sa compassion envers les malheureux était
inépuisable, comme sa générosité, et un jour qu'un
de ses amis lui reprochait je ne sais quelle prodiga-
lité charitable... « Vous n'entrerez pas dans le
paradis des bons, lui répondit-il; vous n'êtes pas
trop bon ! » Il ne méritait pas ce reproche, lui !
Jugez-en.

Un pauvre jeune poëte nommé Armand Lebailly,

mourait de phthisie à l'hôpital Saint-Louis. J'y entraîne Lamartine, certain que sa visite ferait plus de
bien au moribond que dix visites de médecin. Nous
arrivons, nous montons à la salle Sainte-Catherine;
en entrant, j'aperçois au bout de la salle le pauvre
misérable assis près du poêle, les deux bras étendus
sur une table, la tête entre les deux bras, et le visage
enseveli sous ses longs cheveux en désordre. Au
bruit de nos pas, il relève un peu le front et nous jette
de côté un regard farouche; mais à peine a-t-il reconnu
mon compagnon, que la stupéfaction, la joie, l'orgueil, l'attendrissement éclatent sur sa figure. Tout
tremblant, il se lève, vient à nous et n'a que la force de
prendre la main que lui tendait le grand poëte et de la
baiser. La conversation fut de la part de Lamartine un
mélange charmant de bonté de père et de bonté de
poëte. Il parla à Lebailly de ses vers, il lui en
répéta même quelques-uns, une sœur de charité
n'aurait pas si bien fait. Après un quart d'heure, il
se leva, et voyant que le malade voulait nous
accompagner jusqu'à la porte : « Prenez mon bras,
lui dit-il, et appuyez-vous sur moi. » Nous traver-
sâmes ainsi cette longue salle entre deux rangées
de malades, les uns debout au pied de leur lit, les
autres assis, les autres levés sur leur séant, tous se
découvrant à notre passage. Ce grand nom avait
mis tout l'hôpital en rumeur. Lebailly jetait à
droite et à gauche des regards étincelants qui semblaient dire : « C'est mon ami, je lui donne le bras! »
Il pleurait, il riait, il ne souffrait plus! Une fois

dans la voiture, Lamartine, après un moment de silence, me dit : « Ce pauvre jeune homme est bien malade, mais il n'est pas à la veille de mourir. De longs soins lui seront encore utiles; joignez cela à ce que vous lui donnerez. » Il me tendit un billet de cinq cents francs. Trois jours après, quelle fut ma stupéfaction en apprenant que lui-même était poursuivi pour une somme de quatre mille francs qu'il ne pouvait pas payer! Il avait oublié qu'il devait, en voyant qu'un autre souffrait. Les sages diront : C'est une folie! Eh! sans doute, c'est une folie! mais une folie qu'on peut divulguer sans crainte, elle n'est pas contagieuse!... Et si je termine cet entretien en vous citant cet emportement de charité, c'est que j'y retrouve ce qui distingue les œuvres comme la vie de Lamartine, je ne sais quoi de surhumain qui est supérieur à la raison même! La raison est une admirable vertu, elle fait faire les meilleures choses de ce monde, mais elle ne fait pas faire les plus grandes. Elle ne produit ni les héros, ni les saints, ni les martyrs, ni les poëtes! Elle n'aurait pas plus suffi à composer le manifeste à l'Europe ou à dominer le peuple à l'Hôtel de Ville, qu'à écrire *les Méditations!* Et si Lamartine a enchanté la terre, s'il a, pendant un jour, commandé à la terre, c'est qu'il a toujours pris son point d'appui plus haut que la terre... C'est qu'il a été un grand poëte en action! Puis donc, messieurs, que vous voulez lui consacrer un monument, souvenez-vous des Anciens. Ils peuplaient leurs forums d'autels à la jeunesse, à la beauté, à la vaillance. Eh bien! vous, édifiez une colonne à la poésie, et mettez-y la statue de Lamartine! Voilà sa place! Tout au faîte! En plein ciel! Planant sur cette ville dont il a été la gloire et le salut, et élevant, comme le dieu du jour, une lyre d'or entre ses deux mains.

Paris. — Imprimerie de J. Claye, 7, rue Saint-Benoît. — (84)

CAHIERS

D'UNE ÉLÈVE DE SAINT-DENIS

Cours complet et gradué d'Éducation

POUR LES FILLES ET POUR LES GARÇONS

A suivre en six années

Soit dans la Pension, soit dans la Famille

PAR DEUX ANCIENNES ÉLÈVES DE LA MAISON DE LA LÉGION D'HONNEUR

ET PAR

LOUIS BAUDE, ancien professeur au Collége Stanislas

15 Volumes in-18.— Brochés, **49** fr.; cartonnés, **52** fr. **75**

Chaque volume se vend séparément

Cours de Lecture. — Syllabaire. — Alphabet illustré. — Signes orthographiques. — Premières lectures courantes. — Contes moraux. — Maximes. — Lectures instructives. — Fêtes et solennités de l'Eglise pendant les quatre saisons de l'année. — Lectures récréatives. — Les jeux de l'enfance. — (Broché, 2 fr.; cart., 2 fr. 25.)

Instruction élémentaire (1re partie). — Religion. — Éducation. — Instruction. — Des premiers nombres et des premiers chiffres. — Des cinq sens. — Du temps et de ses divisions. — De l'univers ou de la création. — Les quatre éléments. — Les cinq parties du monde. — Des différents noms qu'on donne à l'eau. — Phénomènes atmosphériques et souterrains. — Exercices de mémoire. — Lectures. — (Broché, 3 fr.; cart., 3 fr. 25.)

Première année *(Tomes I et II).* — Introduction. — Grammaire française. — Dictées. — Histoire sainte. — Mappemonde. — Géographie de l'histoire sainte. — Anciennes divisions de la France par provinces. — Division de la France par départements. — Table chronologique des rois de France. — Arithmétique. — Système métrique. — Lectures et exercices de mémoire. — Etymologies. — (Tome I, broché, 1 fr. 50; cart., 1 fr. 75. — Tome II, broché, 2 fr. 50; cart., 2 fr. 75.)

Deuxième année *(Tomes III et IV).* Grammaire française. — Dictées. — Histoire sainte. — Histoire ancienne. — Ères chronologiques. — Mythologie. — Etudes préparatoires à l'Histoire de France. — Cosmographie. — Arithmétique. — Géographie de l'Asie Mineure. — Départements et arrondissements de la France. — Géographie de la France. — Lectures. — Etymologies. — (Chaque tome, broché, 2 fr. 50 : cart., 2 fr. 75.)

Troisième année *(Tomes V et VI)*. — Grammaire française. — Histoire ancienne. — Histoire romaine. — Histoire de l'Eglise. — Cosmographie. — Arithmétique. — Etudes préparatoires de l'Histoire de France. — Paris et ses monuments. — Lectures. — Etymologies. — (Tome V, broché, 3 fr.; cart., 3 fr. 25. — Tome VI, broché, 3 fr. 50 ; cart., 3 fr. 75.)

Quatrième année *(Tomes VII et VIII)*. — Récapitulation de l'Histoire ancienne. — Histoire du moyen âge. — Histoire de l'Eglise. — Géographie de l'Europe. — France provinciale et départementale. — Histoire naturelle. — Précis de l'histoire de la langue française. — Traité de versification. — Lectures. — Etymologies. — (Chaque vol., br.. 3 fr. 50 ; cart., 3 fr. 75.)

Cinquième année *(Tomes IX et X)*. — Histoire moderne. — Histoire de l'Eglise. — Géographie de l'Amérique et de l'Océanie. — Curiosités historiques. — Botanique. — Zoologie. — Principales inventions et découvertes. — Lectures. — Etymologies. (Tome IX, broché, 3 fr. 50 ; cart., 3 fr. 75. — Tome X, broché. 4 fr.: cart., 4 fr. 25.)

Sixième année *(Tomes XI et XII)*. — Principes de littérature. — Histoire de la littérature ancienne et française. — Introduction à la Philosophie. — Philosophie. — Table chronologique des principaux événements de l'histoire contemporaine depuis 1789. — Bibliographie. — Philologie des langues européennes. — Précis de l'histoire générale des études. — Biographie des femmes célèbres. — Notions géographiques complémentaires. — Morceaux choisis. — Etymologies. — (Chaque volume, broché. 4 fr. 50; cart., 4 fr. 75.)

Cahier complémentaire. — Considérations générales. — Histoire de l'architecture. — De la Sculpture. — De la Peinture. — Gravure. — Lithographie. — Histoire de la Musique. — Astronomie. — Archéologie. — Numismatique. — Paléographie. — Minéralogie. — Algèbre et Géométrie. — De la vapeur et de ses applications. — Télégraphie électrique. — Galvanoplastie. — De la chloroformisation. — De la photographie et de l'aérostation. — (Broché, 5 fr.; cart., 5 fr. 25.)

EN PRÉPARATION

3ᵐᵉ volume préparatoire, **Instruction élémentaire** *(2ᵉ partie)*.

4ᵐᵉ volume préparatoire, **Cours d'écriture** avec planches.

Études d'après les grands maîtres, dessins par A. COLIN, professeur de dessin à l'École polytechnique. Album in-folio, 20 planches. — Cartonné bradel, 20 fr.; cartonné toile, tr. dorée, 22 fr. — Chaque planche collée sur carton. avec texte au dos, 1 fr. 25.

OUVRAGES DE M. ERNEST LEGOUVÉ

EN VENTE

A LA MÊME LIBRAIRIE

LES PÈRES ET LES ENFANTS AU XIXe SIÈCLE.

— ENFANCE ET ADOLESCENCE, 9me édition, 1 vol. . . . . 3 fr.

— LA JEUNESSE, 8me édition, 1 vol. . . . . 3 fr.

LES CONFÉRENCES PARISIENNES, 4me édition, 1 vol. . 3 fr.

L'ALIMENTATION MORALE PENDANT LE SIÉGE, brochure 0 fr. 25

LES DEUX MISÈRES, brochure. . . . . 0 fr. 25

LES ÉPAVES DU NAUFRAGE, brochure. . . . . . . 0 fr. 50

M. SAMSON ET SES ÉLÈVES . . . . 2 fr.

PARIS. — J. CLAYE, IMPRIMEUR, 7, RUE SAINT-BENOIT. — (84)